AF316962

ÉTAT

DE LA MISSION

DU

KOUANG-TONG

(CANTON) CHINE

EXPOSÉ AU SAINT-PÈRE

LÉON XIII

DANS LA SÉANCE DU 24 FÉVRIER 1881

ROME

IMPRIMERIE DE LA PROPAGANDE

19 mars 1881

FÊTE DE SAINT JOSEPH, PATRON DE LA CHINE

ÉTAT

DE LA MISSION

DU

KOUANG-TONG

(CANTON) CHINE

EXPOSÉ AU SAINT-PÈRE

LÉON XIII

DANS LA SÉANCE DU 24 FÉVRIER 1881

ROME

IMPRIMERIE DE LA PROPAGANDE

19 mars 1881

FÊTE DE SAINT JOSEPH, PATRON DE LA CHINE

Rome, 24 février 1881.

Le dimanche, 20 de ce mois, jour anniversaire de l'élévation de S. S. **Léon XIII** au Souverain Pontificat, il y a eu au Vatican réception solennelle, à laquelle assistaient tous les Cardinaux, une quarantaine d'Evêques de tous les pays du monde, et où l'œuvre des Missions n'a pas été oubliée. Réception au Vatican.

Après avoir adressé la parole à quelques-uns des cardinaux et évêques présents, apercevant à ses côtés **deux beaux vases chinois**, qui lui avaient été offerts par un de nos compatriotes, Mgr **Guillemin**, évêque du *Kouang-tong* **(Canton)**, Chine, **Sa Sainteté** fait appeler le donateur, qui vient se jeter à ses pieds, les baisant avec respect, et alors entre le Chef de l'Eglise et l'Evêque Missionnaire s'établit une conversation qui nous a tous fort intéressés. Offrande présentée au Saint-Père.

Monseigneur, lui dit le **Saint-Père**, je vous remercie du beau présent que vous m'apportez du fond de la Chine, et qui est admiré de nous tous.

Très Saint-Père, répond l'Evêque, c'est à moi bien plutôt à remercier **Votre Sainteté** de la bienveillance avec laquelle elle veut bien accueillir ce faible témoignage de la vénération et de l'attachement dont nos missionnaires et nos chrétiens sont pénétrés pour elle ; et ils seraient heureux si en retour je pouvais leur porter, de la part de Votre Sainteté, *une bénédiction* qu'ils recevraient comme un gage et une assurance de la bénédiction même du Ciel.

D. Oh ! oui, bien volontiers je vous la donnerai à tous, d'abord au premier Pasteur du troupeau, puis à toutes les ouailles confiées à ses soins. Mais auparavant, dites-moi, combien y a-t-il de temps que vous êtes dans ces pays lointains ?

R. **Très Saint-Père,** il y a **trente-trois ans** que je suis parti pour ma lointaine mission, et quand je partais, vu l'état de ma santé, on disait généralement que je n'arriverais pas au rivage Chinois : ce qui me montre la protection toute spéciale dont la divine Providence a bien voulu m'environner pendant ce long espace de temps.

D. Eh oui, voilà ce que c'est que de mettre sa confiance en Dieu ; on n'est jamais confondu. Et, depuis combien d'années portez-vous le fardeau épiscopal ?

R. **Très Saint-Père,** il y a **vingt-quatre ans** que j'ai été nommé **vicaire apostolique** de la mission. D'abord soumis à la juridiction de Macao, nous avons été, pendant **dix ans,** exposés à tous les dangers et à toutes les misères qu'on peut rencontrer en ces pays infidèles ; jusque-là que **8** de nos missionnaires ont été jetés dans les fers ; **2** sont morts à la suite des coups et des mauvais traitements qu'ils avaient reçus, et un **troisième, le V. P. Chapdelaine,** a eu la tête tranchée, et a été littéralement coupé par morceaux. Alors, tous les confrères demandant que l'un de nous partît pour Rome, afin d'exposer au Saint-Siège le véritable état des choses, j'ai été choisi pour remplir ce message, et c'est alors, malgré mon indignité, que j'ai été nommé le **premier Evêque** de la mission, et, à ce titre, sacré par les mains mêmes du souverain pontife, **Pie IX,** qui a bien voulu nous donner cette marque d'intérêt et d'encouragement.

D. Oh ! il est bien juste que le Père soutienne ses enfants, et le Pontife les apôtres de la vérité ! Et, pendant cette longue période d'années, au milieu de ces contrées païennes, quelles sont les conquêtes que vous avez faites à l'Evangile ?

R. **Très Saint-Père,** en arrivant dans la mission **de Canton,** dans cette mission qui compte **deux cents lieues** de long sur **cent lieues** de large, et environ **30 millions** de païens, nous y trouvions à peine **4** ou **5,000 chrétiens,** et aujourd'hui, grâces à Dieu, nous en comptons **26,000.** L'année dernière seule nous donnait **1,262 baptêmes** d'adultes, l'année précédente **1,060,** et ainsi, depuis notre entrée dans la mission jusqu'à ce jour, chaque année, sans exception, nous a fourni un chiffre de conversions supérieur au chiffre de l'année précédente.

Et ce que je puis dire également, c'est que ces nouveaux chrétiens connaissent bien leur religion et en remplissent fidèlement les devoirs. Car, nous ne les admettons au saint Baptême, que lorsqu'ils sont bien instruits des vérités du christianisme et bien décidés à en observer tous les préceptes, ce qui est pour nous une garantie de leur persévérance à l'avenir.

D. Oh! voilà de beaux résultats, et qui doivent être bien consolants pour votre cœur d'apôtre. Mais combien de **missionnaires** comptez-vous pour faire face à un travail aussi considérable?

R. **Très Saint-Père,** en entrant dans la mission, nous étions **6** missionnaires seulement; aujourd'hui, nous sommes **34,** répartis sur cet immense territoire, et placés à la distance de **vingt** à **trente lieues** les uns des autres : missionnaires tous zélés et dévoués à leur œuvre.

C'est un nombre d'ouvriers encore bien restreint et bien insuffisant, mais, à défaut de Prêtres européens, nous cherchons à former **un Clergé indigène,** et déjà, dans la province, nous avons **un séminaire,** avec **cinq jeunes prêtres chinois,** plusieurs **diacres** et **sous-diacres,** comme celui qui m'accompagne, et que j'aurai l'honneur de présenter à **Votre Sainteté,** si elle veut bien me le permettre.

D. Oh! oui, je le verrai avec grand plaisir! Et alors, sur un signe de l'Evêque, le jeune élève chinois, vêtu de l'habit et de la queue de son pays, vient se jeter aux pieds du Saint-Père, qui l'accueille avec bonté et lui adresse ces paroles encourageantes : **Eh oui, cher fils en Notre-Seigneur, soyez l'A-**

pôtre de vos chers compatriotes, et puissiez-vous en amener au Seigneur un grand nombre qui formeront les fleu-
rons de votre brillante couronne pour la bienheureuse
éternité! Puis, s'adressant à l'Evêque : En vérité, dit le Saint-
Père, voilà une œuvre bien comprise et qui ne peut manquer
de produire tout le bien que vous en attendez. Mais, avec le
clergé indigène, ne trouvez-vous pas encore dans le pays
d'autres auxiliaires pour travailler à la conversion des païens?

Œuvre
des
Catéchistes.

R. Oui, **très Saint-Père**, nous avons nos **Catéchistes**, bons
et fidèles chrétiens, bien instruits des vérités de notre sainte
religion, et qui, vivant au milieu de leurs proches et de leurs
amis, sont plus à même de les amener à la connaissance du
vrai Dieu. Un bon catéchiste, dans le cours d'une année,
pourra facilement gagner à l'Evangile de **10** à **20 païens**, quel-
quefois plus, rarement moins, en sorte que si nous pouvions
multiplier ces messagers de la bonne nouvelle, nous multiplie-
rions dans la même proportion les heureux résultats obtenus
par eux.

Mais, en employant le secours de ces bons et dignes auxiliaires, il faut bien également leur donner une petite rétribu-
tion, pour subvenir à leurs besoins et aux besoins de leurs
familles **(environ 600 fr. par an)**, et là malheureusement se
trouve la difficulté pour nous, qui avons nous-mêmes si peu
de ressources à notre disposition. Mais qu'une personne en
Europe veuille bien se charger de l'entretien *d'un Catéchiste*,
ce sera elle, en réalité et devant Dieu, qui aura le mérite de
toutes les conversions obtenues par là, tout aussi bien que si
elle venait dans ces pays lointains pour y prêcher l'Evangile.
Et, comme déjà plusieurs pieuses et dignes personnes en
France veulent bien me donner ce précieux concours, qu'il
me soit permis, **très Saint-Père**, de demander à **Votre Sainteté** une bénédiction spéciale pour elles et pour leurs familles.

D. Oui, je comprends toute la portée de cette œuvre; e
l'approuve, je la bénis, et je vous autorise à dire aux personnes
qui vous mettent entre les mains ces puissants moyens de sa-
lut, qu'à elles aussi je donne **une bénédiction toute spéciale**
pour elles et pour tous ceux qui leur sont chers.

Et avec les baptêmes d'adultes, vous avez aussi ceux de ces pauvres petits **Enfants de la Chine,** si cruellement rejetés par la brutalité de leurs parents, ou qui naturellement se trouvent en danger de mort?

R. Oui, **très Saint-Père,** le baptême de ces pauvres petits enfants est aussi une des choses qui nous occupent le plus, et qui n'est pas moins bénie de Dieu. Chaque année nous donne plus de **3,000** de ces baptêmes, et comme il y a **33 ans** que nous obtenons ce chiffre, c'est une légion de plus de **100,000 Anges** que la mission de Canton, depuis sa fondation, aura envoyés au séjour des bienheureux.

Puis, en baptisant les petits moribonds, il fallait bien également pourvoir aux besoins de ceux qui survivent, et leur trouver quelques moyens d'existence. Or, au milieu du beau terrain que nous occupons dans la ville de Canton, nous avons élevé **deux grands orphelinats,** l'un pour les **petits garçons,** qui y sont au nombre de **100** à **120**; l'autre pour les **petites filles,** au nombre de **60** à **80**; deux établissements qui marchent bien et qui produisent une bonne impression, soit sur les Chinois, soit sur les Européens, qui viennent les visiter. Honneur et reconnaissance à l'œuvre de la **Sainte-Enfance,** qui nous permet, au milieu de ces contrées païennes, de faire un bien si utile en soi et si honorable à la religion chrétienne !

D. Vous pouvez également élever des **chapelles,** et l'on dit que déjà vous en avez un bon nombre dans toute la province?

R. Oui, **très Saint-Père,** lorsque, dans un rayon un peu étendu, nous avons un certain nombre de néophytes, **200** ou même une **centaine,** là aussi nous tenons à établir **une chapelle** ou **oratoire,** comme moyen de soutenir ces nouveaux fidèles dans la foi, et en quelque sorte d'attacher la religion chrétienne au sol même du pays. Or, à notre arrivée dans la province, n'y trouvant que **8 chapelles** à demi ruinées et détruites, aujourd'hui nous en comptons plus de **100,** chaque missionnaire en ayant au moins **3,** la plupart encore bien pauvres et à peine fournies des choses nécessaires pour la célébration du service divin, mais au moins ne servant qu'à la prière, et bien chères à nos chrétiens, qui aiment à venir y répandre leur âme devant Dieu.

Chapelles dans la Province.

D. Le principal est que vous ayez ces pieux sanctuaires, et **les ornements** viendront ensuite, avec la grâce de Dieu et le concours de nos bonnes **Dames zélatrices**, qui veulent bien, en Europe, se dévouer d'une manière si édifiante et si utile à l'œuvre des Missions. — Qu'elles en soient aussi bénies! — Mais, parmi vos chapelles, vous avez surtout celle de **Sancian**, dont vous m'avez donné **une si belle photographie**.

Chapelle de Sancian.

R. Oui, **très Saint-Père**, dans l'île et sur le rocher où est mort **saint François-Xavier**, nous avons élevé une **chapelle gothique**, en mémoire *du Saint*, patron de la mission ; puis à côté des villages, une **autre Chapelle**, plus spécialement destinée à l'instruction des païens, avec **une habitation** pour le missionnaire et **une école** pour les enfants. Et, lorsque se fit la bénédiction de ces différents édifices, les indigènes eux-mêmes voulurent y prendre part, apportant solennellement ces **six porcs, rôtis d'une seule pièce et environnés de fleurs**, qu'ils présentaient comme un témoignage de leur participation à la fête : démonstration qui fit une si vive impression sur les étrangers, et en particulier sur les Anglais, qui en étaient les témoins, que le Grand Juge de Hong-Kong m'adressant la parole devant tout le monde : Monseigneur, me dit-il, **c'est le plus beau succès que vous puissiez espérer, et, quoique protestant, je vous en fais mon compliment bien sincère**. Enfin, au jour de notre arrivée dans l'île, au milieu de cette population de **8,000** habitants, ne trouvant pas un seul chrétien, aujourd'hui nous en comptons plus de **300**, et tout nous fait espérer que leur nombre ne fera que s'augmenter à l'avenir.

D. Mais avec vos chapelles, vous avez sans doute aussi des **écoles**, pour soustraire les enfants à l'influence du Paganisme et les former à la piété ?

Ecoles des enfants.

R. Oui, **très Saint-Père**, nous y tenons d'autant plus que les **Ecoles** sont plus communes en Chine. A notre arrivée dans le pays, la mission ne possédait que **3** ou **4 écoles**, à peine fréquentées par quelques **dizaines** d'enfants ; aujourd'hui, nous en avons **90**, parmi lesquelles **70** sont pour les garçons, et une **vingtaine** pour les filles, ce qui nous donne **3 écoles** pour chaque missionnaire.

L'école une fois bien établie, nous permettons volontiers aux **enfants païens** d'y assister, et nous les voyons assez ordinairement plus tard venir d'eux-mêmes demander **le saint baptême** et leur admission dans une religion qu'ils ont appris à connaître et à aimer dès leur enfance.

D. Et votre **Eglise de Canton**, on dit que c'est une merveille ?

R. **Très Saint-Père**, sans que ce soit aussi splendide qu'on veut bien le dire, cependant dans une ville **d'un million** d'habitants, capitale d'une province de **30 millions**, où l'on voit des **pagodes** et des **bonzeries** d'une grandeur et d'une beauté vraiment remarquables, il fallait bien que là aussi il y eût, en l'honneur du vrai Dieu, un temple qui ne fût point au-dessous de toutes ces constructions du Paganisme, mais qui montrât la gloire et la puissance **du Très-Haut** aux yeux de tous ces peuples prosternés au pied de leurs idoles. Et c'est ce que j'ai tâché de réaliser avec le secours de la divine Providence, qui a bien voulu nous aider d'une manière spéciale dans l'exécution de ce projet.

Et, en effet, lors de mon premier voyage en France, en 1857, **il y a vingt-quatre ans**, ayant exposé ces vues à **l'empereur Napoléon**, et reçu de sa munificence impériale la somme de **500,000** francs à consacrer à cette œuvre, puis quelques dons des fidèles et UNE BONNE BÉNÉDICTION DE **Pie IX**, qui déjà lui-même avait daigné me conférer **la consécration épiscopale**, avec ces secours spirituels et temporels venus de si haut, je me suis mis courageusement à l'ouvrage, et, Dieu aidant, nous avons bâti une église qui, pour la grandeur et la beauté, peut entrer en comparaison, non pas avec nos plus belles églises d'Europe du premier ordre, ce serait trop dire, mais au moins avec nos plus belles églises ogivales du deuxième ordre, comme par exemple **Sainte-Clotilde** de Paris.

D. Tout cela est fort beau, et montre bien l'assistance spéciale du Ciel ; mais aujourd'hui cette belle église est-elle complètement achevée ?

R. **Très Saint-Père**, si l'on considère les grands travaux de construction, comme **la maçonnerie, les voûtes, les tours et la toiture**, on peut regarder l'ouvrage comme terminé. Mais au point de vue **de l'ornementation**, il lui manque bien des choses encore qui doivent en faire le complément et qu'il faudra bien, tôt ou tard, lui procurer, comme **les vitraux, les cloches et une horloge**.

D. Et que désireriez-vous pour ces différents objets ?

Vitraux.

R. D'abord, pour **les vitraux**, ce qui me semblerait désirable, ce serait, dans la grande fenêtre du sanctuaire, la figure de **Notre-Seigneur**, debout, environné de lumière et présentant **son divin cœur**, mais d'une dimension assez grande pour dominer tous les environs et être bien vue, si c'est possible, de tous les points de l'église.

Plus tard, si nos ressources nous le permettent, de chaque côte de la figure de Notre-Seigneur nous mettrons **un ange adorateur** ; et dans les autres fenêtres du haut, simplement **des verres en grisaille**, avec une grande croix rouge au milieu et un pourtour en couleur.

Puis dans **les fenêtres des chapelles** nous mettrons les différents sujets qui doivent naturellement y trouver leur place, suivant la destination de chaque chapelle, comme par exemple les figures de :

1. **L'auguste Vierge Marie.**
2. **Saint Joseph, patron de la Chine.**
3. **Saint Michel, chef de la milice céleste.**
4. **L'Ange gardien.**
5. **Saint Pierre, chef de l'Eglise.**
6. **Saint François-Xavier, patron de la mission.**
7. **Saint Louis, roi de France.**
8. **Les âmes du Purgatoire**, en mémoire de nos parents, amis et bienfaiteurs décédés.

Et tout cela, j'en suis persuadé, sera bien vu de tout le monde, et produira un bon effet sur nos chrétiens et même sur les païens.

Cloches et horloge.

Quant **à la seconde chose**, c'est-à-dire à la **confection des cloches**, c'est une question assez délicate, vu qu'aujourd'hui à

Canton on ne voit point encore de grosses cloches se sonnant à la volée comme chez nous, et je ne sais quel effet produira sur le peuple une nouveauté aussi surprenante que celle-là.

Mais, d'une autre part, comme à **Canton**, cette ville d'un million d'habitants, il n'y a point encore **d'horloge publique**, donnant l'heure à la population, si nous en établissions une dans ces conditions et proportions, ce serait bien le plus grand service rendu aux habitants, et par là même, je crois, la plus grande garantie que nous puissions donner à nos cloches, qui se trouveraient ainsi sauvées en contribuant au bien public.

Déjà pour cette œuvre, nous avons un beau **canon** en cuivre, du poids de **dix mille livres**, qui m'a été donné par le gouvernement français pour cet objet, et qui paiera un bon tiers de la dépense.

Enfin, très Saint-Père, que Votre Sainteté veuille bien me permettre ces détails, si avec les cloches et une horloge nous avions un **Jacquemard** ou *automate* sonnant les heures, puis avant et après faisant une profonde inclination à la population, comme on en voit dans plusieurs villes d'Europe, ce serait bien la merveille du pays, un sujet de curiosité pour tout le monde, et le plus beau couronnement que nous puissions mettre à toutes nos œuvres !

Alors, un petit éclat de rire se manifestant dans l'assemblée : Eh bien, oui ! dit le Souverain Pontife, voilà qui est bien trouvé, et qui ne peut manquer de produire le bon effet que vous en attendez ! Dieu soit béni de cette heureuse invention, que je vous engage à mettre à exécution, et alors l'église de Canton apparaîtra dans toute sa splendeur et sa gloire !

Mais avec une église, il faut bien également **un cimetière**, pour recevoir les restes de vos bons chrétiens morts dans la paix du Seigneur ; et déjà sans doute vous avez pu vous occuper de ce point de la liturgie catholique ?

R. Oui, **très Saint-Père**, le culte des morts étant une chose sacrée en Chine, c'était une raison de plus pour nous de donner une attention spéciale à ce point du culte catholique.

Or, nos anciens chrétiens possédant jadis un vaste cimetière à **une demi-lieue** de la ville, j'ai pu, pendant la guerre de la France avec la Chine, le réclamer, l'agrandir, l'environner d'une haie et de grands arbres, et en former une petite vallée qui, aujourd'hui, n'a pas moins de **trois mille pas** de circonférence.

A l'entrée s'élève **un beau portail** en granit et à **trois** compartiments ; au centre, **un monument** érigé en mémoire de nos soldats français morts à la prise de Canton, et pour lequel j'ai reçu de notre gouvernement la somme de **25,000 francs** ; monument en granit, formé de **quatre colonnes** et d'une **flèche**, et renfermant à l'intérieur **un bel ange en fonte** de **huit pieds** de haut, montrant le ciel d'une main et de l'autre déposant une couronne sur les restes dont il est le gardien. A l'extrémité de la vallée se trouve un petit village chrétien, formé par nous, et chargé de la garde de ce lieu ; et enfin, chaque année, à la fête des Morts, il s'y fait une **procession solennelle**, qui y attire toujours de **cinq** à **six cents** chrétiens, autant de païens, et qui produit la meilleure impression sur tous ceux qui en sont les témoins.

D. Très bien ! Nous ne saurions trop nous intéresser au sort de ces pauvres âmes, qui n'attendent souvent qu'un souvenir de notre part pour leur délivrance, et qui seront éternellement reconnaissantes de ce que nous aurons fait pour elles. Mais, au milieu de tout cela, nous n'avons pas encore vu le lieu de **votre demeure**, et nous ne savons pas en quoi elle consiste. Dites-nous donc un mot à cet égard.

R. **Très Saint-Père,** possédant dans la ville de Canton un beau et vaste terrain, qui n'est autre chose que **l'ancien Palais** du vice-roi, terrain qui compte **mille pieds** de long sur **six cents pieds** de large, et qui nous a été donné au temps de la guerre, c'est là tout naturellement que se trouvent notre habitation et les différents établissements que nous avons élevés. Mais, comme tout ne peut pas se faire à la fois, notre demeure n'est encore qu'un pauvre hangar, à demi ruiné et exposé à tous les vents, ce qui, du reste, produit un très bon effet sur les Chinois et sur les Européens, qui voient que nous ne venons pas en Chine pour nous, mais bien pour un but plus élevé et plus digne de nos efforts. Aussi, un jour, le Gouverneur anglais de Hong-Kong venant me voir dans ma chambre, comme je lui faisais mes excuses de le recevoir en un lieu si pauvre et si peu digne de lui : Non, mon cher Evêque, me dit-il en me frappant familièrement sur l'épaule, ne me faites pas d'excuses pour cela. J'aime bien vous voir ainsi, vous, l'Apôtre de la vérité, ne venant dans ces pays lointains que pour y répandre la connaissance du vrai Dieu, et méprisant tout le reste ; je voudrais bien pouvoir en dire autant de nos Ministres protestants !

D'autre part, comme il faut bien pourvoir à la santé des Missionnaires, quand nos grands travaux seront achevés, alors nous tâcherons aussi d'élever pour nous une demeure suffisante, convenable, mais toujours en rapport avec la simplicité et la pauvreté qui doit être le partage des ouvriers évangéliques.

D. Oh ! oui, c'est bien voir les choses ! Mais en exécutant ces différents travaux, n'avez vous pas à craindre l'opposition du Gouvernement chinois, et aujourd'hui où en êtes-vous à ce sujet ?

R. **Très Saint-Père,** depuis la dernière expédition de France en Chine, il y a quelques villes comme Canton, Chang-Hay, Pékin, qui ont été déclarées libres, et où, par conséquent, nous jouissons d'une certaine liberté, qui nous permet d'y établir les œuvres que nous voulons ; mais, en général, et surtout dans l'intérieur de l'Empire, le mauvais vouloir des Chinois à l'égard des Européens, et surtout à l'égard de la religion chrétienne, est toujours aussi vif et aussi redoutable qu'autrefois. Combien de fois encore aujourd'hui ne voyons-nous pas nos chapelles renversées et nos chrétiens persécutés, uniquement parce qu'ils sont fidèles à leur religion, et refusent de sacrifier aux idoles du pays. Ainsi, depuis mon départ de Chine, dans la ville même de Canton, les païens viennent encore de brûler une trentaine de maisons, où nous logions de pauvres néophytes, et cela par suite de leur haine contre le christianisme. Mais, enfin, ce sont de ces misères auxquelles il faut bien s'attendre au milieu de ces régions idolâtres, et si nous ne pouvons les éviter entièrement, au moins nous tâchons d'en diminuer le nombre autant que possible, sans jamais nous décourager.

Bénédiction du Saint-Père.

D. Eh bien, en somme, je vois que les choses ne vont pas encore trop mal, et que le **bon Evêque de Canton,** au milieu de tous ses travaux et de toutes ses peines, ne perd pas courage. Que Dieu en soit béni ! Qu'il soit béni de tout le bien qui se fait dans cette contrée lointaine, pour la gloire de son saint Nom et l'établissement du christianisme au milieu de ces pays infidèles ! En le remerciant pour le passé, je le prie de répandre de plus en plus ses bénédictions sur **cette Mission,** qui m'en paraît si digne, sur son bon et zélé **pasteur,** qui nous donne une preuve si touchante de son dévouement, en retournant au milieu de ces régions païennes, sur ses dignes coopérateurs, sur leurs pieuses et chères familles, sur ces nouveaux chrétiens si intéressants et si fidèles, sur la belle œuvre de la Propagation de la foi et de la Sainte-Enfance, sur les Personnes qui, en Europe, vous aident si puissamment du secours de leurs prières et de leurs généreuses charités, et enfin sur cette multitude innombrable de Païens qui croupissent encore dans les ténèbres du paganisme, afin qu'ils ouvrent les yeux à la lumière et reconnaissent le véritable Seigneur de toutes choses. Enfin, après avoir dignement combattu les bons combats du Seigneur, puissions-nous tous, un jour, aller recevoir la récompense promise aux bons serviteurs, et jouir de cette vie bienheureuse que donne la mort du juste, et qui sera l'accomplissement de la belle devise qui préside aux destinées de la mission de Canton : **In morte vita !**

Conclusion.

Alors, tous s'agenouillant reçurent pieusement la bénédiction du Chef de l'Eglise, et ainsi se termina cette séance, qui, en nous montrant l'extrême bienveillance du Souverain Pontife, a été pour nous tous une vraie consolation pour le passé, et sera encore, nous l'espérons, un puissant encouragement pour l'avenir. Puissions-nous en profiter, pour continuer avec ardeur l'œuvre commencée, et répandre de plus en plus la

connaissance du vrai Dieu au milieu de ces pays païens :
œuvre si digne de tous nos efforts et du concours des fidèles
qui veulent bien nous aider, et à qui nous en offrons nos bien
sincères et religieuses actions de grâces !

Un missionnaire de Canton, assistant à la séance,
et avec approbation de l'Evêque de la Province.

Vu et approuvé par nous,

✠ **ZÉPHIRIN GUILLEMIN, Ev. Miss.**

Kouang-tong (Canton)
Chine.

BESANÇON, IMPR. DE PAUL JACQUIN.

Episcopus Min.